Fouad EL-Auwad (Hrsg.)

فؤاد آل عواد

ein punkt
am
ende des abends

نقطة في نهاية المساء

ge~dic~ht~e

قصائد

2019

Titel: "**ein punkt am ende des abends**" (Gedichte)
Die **10. Anthologie** des deutsch-arabischen Lyrik-Salons
Übersetzt und herausgegeben von **Fouad EL-Auwad**
Publikation: 2019 / Spezial für **Edition Lyrik-Salon**

Titelbild: Fouad EL-Auwad
Satz & Layout: Fouad EL-Auwad, Edition Lyrik-Salon
www.lyrik-salon.de

Biografien: Christoph Leisten

Edition Lyrik-Salon Spezial 2019
Herstellung und Verlag:
BoD - Books on Demand, Norderstedt
ISBN: 978379482115

ein punkt
am
ende des abends

نقطة في نهاية المساء

Gedichte von:
Fouad EL-Auwad
SAID
Zsuzsanna Gahse
Klaus Merz
Jürgen Nendza
Issa Makhlouf
Monika Littau
Hatif Janabi
Hedil Al-Rashid
Patrick Beck
Volker Sielaff
Ludwig Steinherr
Mara-Daria Cojocaru
Anton G. Leitner
Christoph Leisten

Übersetzt und herausgegeben von **Fouad EL-Auwad**

Die zweisprachige Anthologie "**ein punkt am ende des abends**"
ist 2019 anlässlich der Veranstaltungen
des deutsch-arabischen Lyrik-Salons 2019 erschienen.
Übersetzt und herausgegeben von Fouad EL-Auwad

Für die finanzielle Unterstützung
dankt der Herausgeber und Kurator des Lyrik-Salons

- Kulturreferat der Landeshauptstadt München
- Pro Helvetia, Schweizer Kulturstiftung
- Kulturbetrieb der Stadt Aachen
- Euro-Arabischer-Freundschaftskreis e.V.
- Angela und Helmut Six Stiftung

sowie
- Christoph Leisten
- Patrick Beck
- Volker Sielaff
- Angela Boutros
- Basilius Alawad

für ihr Engagement im deutsch-arabischen Lyrik-Salon

Werke des deutsch-arabischen Lyrik-Salons seit 2005

- stein der oase
- garten der illusion
- dOrt
- einfach so
- die kerze brennt noch
- zartheit des feuers
- zwanzig wege
- wort für wort
- hörst du das licht, wenn es liebt
- ein punkt am ende des abends

Verzeichnis

ein punkt
am
ende des abends

نقطة في نهاية المساء

www.lyrik-salon.de

Fouad EL-Auwad

im namen der poesie

an einen undefinierten diktator

verfolge nicht
das gedicht
es ist nicht gegen dich gerichtet

sondern für die anderen,
die du gefoltert hast ...

verkünde laut und deutlich,
dass
das gedicht die wahrheit ist
und du
   ein guter leser wirst.

versuche nicht
seine buchstaben zu vernichten,

im nu
vermehren sie sich zu wörtern,
die dich umzingeln,
deren bedeutungen du nicht verstehst.

die angst durchdringt dich,
die zeit verdampft
wie ein wassertropfen

und du
   endest
      ohne zu leben.

فؤاد آل عوّاد

باسم الشّعر

إلى ديكتاتور غير معرّف

لا تلاحق القصيدة
فهي ليست ضدّك

بل من أجل الآخرين
الذين تعذّبوا في سجونك ...

اشهد باسمها، بأعلى صوتك:
أنها الحقيقة
وأنك
ستكون
قارئاً جيّداً

لا تحاول
أن تُبَدّد حروفها

فسوف
تتكاثر في كلمات
تحاصرك
ولا تستطيع تفسيرها

حينها
يتغلغل فيك القلق
ويتبخّر الزمن
مثل قطرة ماء

فتموت
بلا
حياة

11

Fouad EL-Auwad

traubige luft
löscht jeden durst
am hang des schwarzen bergs
im süden

rot ist die erde

trauben
in allen farben und größen
süß

im oktober pilgern die durstigen
dorthin
tag und nacht

gläser
heuriger
brot
käse

traubig die gedanken

فؤاد آل عوّاد

نسيمٌ عنبيٌّ

شطع كلَّ ئفطُيُ
دود الأسا الجبل تارددحنم ىلع
في الجنوب

أحمرٌ هو والتراب

عننّب
نان والأاو ماجحلأا لكب
حلو المذاق

ىشطعلا ةهجو
في أكتوبر
ليلَ نهار

كؤوسٌ
جازز ط ذيبن ج
خبزٌ
وأجبان

عنبنيّةٌ هي الأفكار

13

Fouad EL-Auwad

ein punkt am ende des abends

aus dem stegreif reift das licht
in seiner gelassenheit

dunkel schlägt in weiß um
setzt den sonnenblumen
gelb strahlenden dunst entgegen

eilende duftbrise betritt den raum,
gleitet bis zum
tiefsten punkt am ende des abends

ein hauch wärme schleicht sich in den winter
überholt zeitsparend den sonnenschein

und reift zum sommer

فؤاد آل عوّاد

نقطة في آخر المساء

للتو ينضج الضوء
في هدوئه

ظلام يتحول إلى بياض
ويرشق عباد الشمس
برذاذ أصفر

نسيم عطر يدخل الحجرةَ
على عجلة
ويقبع عند أعمق نقطة في آخر المساء

برهةُ من دفء تسابق الشتاء
تتخطى، مختصرة الوقت، موعد سطوع الشمس

عنها ينضجُ صيفٌ

Fouad EL-Auwad

holunderblüten bluten

der sperber hält wache,
denkt nach:
der morgen sei heimlich da,
er würde licht gegen dunkel tauschen,
die geister seien sprachlos
am tag des blutens.

auf dem ast eines maulbeerbaums
weilt der rabe nach wie vor
und lauscht dem gewirr
im mai,
als wir im garten nach gottesanbeterinnen suchten,
erinnerten wir uns an die kindheit unserer großväter.

schwer verdauliche geschichten und andere lustige:

das holunderblut steige nur einmal im mai empor
und sickere im nu wieder in den boden
ein einziges mal.

wir kinder,
wir verbrachten den ganzen mai im garten,
um den schaurigen moment zu erleben:
manche hätten das blut gesehen
andere damit die hände gefärbt
und manche sogar daraus getrunken…
hieß es …

und ich,
ich hätte den schimmer des blutes in blau gesehen.

kindergeschichten unserer großväter
im spiegel der zeit

فؤاد آل عوّاد

زهر البيلسان ينزف

الباشق حارس المكان
يظنّ
أن الصباحَ يتسلَّلُ خِفيةً
ربما لِيُبدل العتمةَ بالضوء
في تلك اللحظة
قد تعجز الأشباح عن الكلام

كعادته يأخذ الغراب قيلولةً
على غصن شجرةِ التّوت
ينصت إلى الضجيج
عندما كنا نبحث عن فرس النبي
ونتذكر حكايات طفولة أجدادنا

قِصصٌ مرِحةٌ وأخرى مُرعبة

كانوا يقولون
أن زهرَ البيلسان ينزف دماً في شهر أيار
لمرة واحدة فقط
أنّ شبحاً في الأرض يبتلعه

كنا نحن الأطفال
نمضي طوال شهر أيار في الحديقة
لنعيش لحظة الخوفِ
ونحبك القصص
أحدنا رأى الدّمَ
وآخر لوّن به يديه
وآخر شَرِبَ منه

وأنا
لمحتُ بصيصَ الدّمِ أزرقاً

حكايات أجدادنا في مرآة الزمن

Fouad EL-Auwad

starr bleibt das licht

blass ist das weiße

seine gelenke sind versteinert.
seine strahlen auf dem weg ins dunkle
verirren sich.
die schatten zerpflücken sie mittags,
überschreiten die türschwelle der geduld,
legen sich ins bett der zerrissenen schweigsamkeit

und warten auf das ganze.

schweigend leuchtet das blaue,
wirft seine schatten auf mein kissen,
bevor meine träume sie empfangen.

das blaue grünt.
zwischen seinen rippen wachsen worte.

das rote **teilt sich**:
teils schrill,
teils blass.

dazwischen zieht ein strahl
beschwert durch müdigkeit.

فؤاد آل عوّاد

سيبقى الضّوءُ متحجحراً

شاحب هو والأبيض
مفاصله متحجحرة
أشعّته تضل طريقها إلى العتمة
تقطّعها الظلال
عند الظّهيرةِ
تخطو عتبة باب الصبر
تستلقي على سرير الصمت الممزّق

وتنتظر الكليّات

قرزرالأزرق يضيء تماماً صامتاً
يمريو
بظلّهِ على وسادتي
قبل أن تستقبله أحلامي

الأزرق يخضرّ
بين أضلعه تنمو الكلمات

مسقنين الأحمر
صاخباً
وشاحباً

بينهما شعاع
مُثقلٌ بالتعب

19

SAID

das gedicht
ändert seine route
und läßt mich fallen
entschlossen wurzeln zu schlagen
gegen wind und gezeiten
dem licht ein auge
der sonne ein vers
wörter
schlagen gegen fensterscheiben
und bitten um einlaß

deine haut sucht
einen ort für irrungen
morgens fliegen wir fort
abends berichten wir
bis ins brennende fleisch
mein haus verrät
nichts vom schlichten tod
auf der türschwelle

سعيد

القصيدة
تغيّر طريقها
وتتركني أهوى
مصممة على أن يكون لي جذور
ضد المد وضد الريح ضد الجزر
عين للضوء
وللشمس آية
وكلمات تتلاطم بزجاج النوافذ
وترجو أن يأذن لها بالدخول

بشرتك تبحث
عن مكان للتيه
صباحاً طير نطنأ بعيداً
مساءً ندلي بتقارير نا
إلى أن يتآكل اللحم
بيتي لا يُفشي بأيّ شيء
عن الموت البسيط
عند عتبة الباب

SAID

die büffel lügen
nicht zwischen den leibern
sie rühren sich
glauben an einen unschuldigen gott
und die annäherung
von weiden und nomaden

سعيد

الجواميس لا تكذب
في دواخلها
بل أنها تتحرك
وتؤمن بوجود إله بريء
وباقتراب
المراعي من الرُّحّل

SAID

ich betrachte die dinge
und sie folgen meinen händen
wenn sie verlassen werden
wehren sie sich
in ihrem aufschrei suchen sie
ein schweigen
eine entblößung

die dinge in meinem blickfeld
die kommen und gehen
und nicht gefangen werden können
zwanglos verteilen sie
das licht über den raum
ohne rücksicht auf den bestand

سعيد

أراقب الأشياء
فهي تَتتبّع يديَّ
وعندما تُترك وحدها
تقاوم
وفي صراخها تبحث
عن صمتٍ
وعن المجرد

الأشياء أمامي
تأتي وتغادر
لا يمكن القبض عليها
فهي تُنشرُ الضوءَ بدون قيد
في كل أنحاء الحجرة
ومن غير الإكتراث بالأثاث

SAID

an manchen tagen
murren die nischen in meinem haus
und schütteln alles ab
was ich dorthin stelle
aber die dinge veröden
ohne die nischen
und diese frieren
wenn ich sie nackt lasse

سعيد

في بعض الأيام
تتذمر المحاريب في بيتي
وتهز كل ما أضعه فيها
لكن الأشياء تذبل
دون المحاريب
والمحاريب تتجمّد
إذا تركتُها عارية

SAID

mein haus wächst jeden abend
über sich hinaus
und schickt mich
in die hügel
zum spaziergang unter dem mond
im morgengrauen erwartet mich
das haus voller demut
zusammengeschrumpft auf meine bedürfnisse

vom außenlicht verfolgt
laufen sie in scharen
unablässig nach norden
zum weißgewaschenen kontinent
im schatten der bestandslisten
warten sie
geduldig ohne schrift ohne papier
bis die zähmung sie erfaßt

سعيد

بيتي ينمو كل مساء
أكثر وأكثر
ويُرسلني إلى الهضاب
لأتنزّه تحت ضوء القمر
ومع بزوغ الفجر ينتظرني
بتواضع كبير
يتقلّصُ البيتُ حسب احتياجاتي

هرباً من الضوء الخارجي
راكضين أسراباً، أسراباً
مندفعين إلى الشمال
إلى القارة التي اغتسلت بياضاً
في ظلال قوائم الجرد
ينتظرون
بكل صبر بلا أي وثيقة
متأمّلبن أن يروّضهم الصّبر

Zsuzsanna Gahse

STÖRE

Gegenwärtig stehen vor allem Romane im Vordergrund. Dabei gibt es auch die Störe! Störe bewegen sich zwischen langen Erzählweisen und Gedichten, zwischen Essays und Novellen, szenischen Texten und Performance-Vorlagen. Damit spiegeln sie die Moderne schon seit Jahrzehnten, nur wurde ihre Bezeichnung bislang verschwiegen.

Stör ist natürlich nur ein Deckname. Das ständig Neue, das nicht in die festen Rubriken passt, wird seine Identität nicht so leicht preisgeben. Die heißt womöglich Nonofthem – Non of them. Jedenfalls lohnt es sich, die schillernden, schwer fassbaren Störe einzufangen.

سوزانه غازه

مسك الحفش

المعروف في حاضرنا هذا أننا نعرف أن الرواية تتقدم على كل الأجناس الأدبية الأخرى ولكن هناك صنف أدبي يدعى بالـ "شتوره" وهو صنف أدبي يصعب تحديد هويته، فهو بين القصة والشعر، بين المقالة والرواية، بين السيناريو والنصوص الأدبية التي تستوحى منها الرقصات التعبيرية على المسرح. لذلك نستطيع القول هنا أن الحداثة تتجسد في هذا الصنف الأدبي منذ عقود. لكن الحديث عنه غير متداول بالعالم حتى الآن. فهو اسم مستعار أو نستطيع أن نقول أنه اسم فنّي لنص متجدد على الدوام والذي لا يتناسب مع أي من الأجناس الأدبية الأخرى المعروفة. وبما أنه على الأغلب مطمس الهوية عند الكثيرين فهو لا ينتمي لأي من هذه الأجناس الأدبية.

على كل الأحوال يستحق منّا العناء أن نتابع هذا الصنف الأدبي الرائع كما يستحق العناء أن نلتقط ططم مسك الحفش الباهر.

الجديد بالذكر هنا أن اسم هذا الصنف الأدبي مشتق من الإسم الألماني لسمك "الحفش" المذهل في التحرش وهو "شتوره". والفعل الألماني "شتورن" يعني في العربية "يُزعِجُ".

Zsuzsanna Gahse

Im Boot

Am Bodensee wiege
ich mich in Sicherheit
in einem Boot, die Sicherheit
und ich sitzen im selben Boot,
und manchmal sage ich
sogar laut, was ich denke.

Meist lasse ich das
Denken aber fahren
und lerne auswendig
was die anderen und
die Nachrichten sagen.

Erst kommt das
Auswendiglernen, dann
kommt die Moral, sage
ich mir neuerdings und
lese die offiziellen Listen
durch, die im Rundfunk
und Fernsehen die
Hauptrolle spielen.

Demonstrationen am
Rundplatz, am Eckplatz,
nun haben sich die Soldaten
zu viel erlaubt, sie haben
sich zu wenig erlaubt,
Gummigeschosse von
beiden Seiten, die
Demonstranten sind
Aufständische, lerne ich,

سوزانه غازه

في الزورق

على بحيرة كونستانتنس،
في قاربي
أشعر بأمان
أنا والأمان نجلس قي قارب واحد
وأحياناً أقول بما أفكر به بصوت عالٍ

على الأغلب أترك التفكير جانباً
وأتعلم رأساً على عقب
ما يقوله الآخرون وما تبثّه الأخبار

في البدء نبصص ماننتعلمه
ومن ثم تأتي الأخلاق
أقول لنفسي مؤخراً
وأقرأ الأخبار الرسمية
التي تأخذ الدور الأهم في المذياع وفي التلفاز

مظاهرات في الساحة المستديرة،
في الساحة المُجاورة
وأخيراً كان تصرف الجنود أكثر مما هو مسموح لهم،
كان أقل مما هو مسموح لهم،
رصاصات مطاطية من الطرفين
المتظاهرون هم مقاومون
هكذا اذا أتعلم أنا،

Zsuzsanna Gahse

und inzwischen weiß ich,
dass ich mich auf die
gängigen, herkömmlichen
Sprechelemente verlassen
sollte, müsste. Augen zu und
durch, sagte Jan vorhin.

Demonstranten, Rebellen,
Separatisten, Abtrünnige,
Meuterer, Protestierende,
ich weiß bei welchem Land
und in welchem Fall ich
welches Wort zu wählen habe,
und ich weiß, wie es mir ergeht
falls ich ein falsches Wort
nenne, jenes Wort, das ich
denke. Von wegen denken,
denken ade. Angst habe ich,
sage ich den Fischen,
sobald es dunkel wird,
und ich sage ihnen,
während sie sich neugierig
um mich scharen, noch
weitere Wörter: Streik,
Boykott, Smash mob,

Die Fische heben die Köpfe,
schauen aus dem See
heraus, und bei den letzten
Wörtern fliegen sie los,
verwandeln sich in Adler,

34

سوزانه غازه

في غضون ذلك أدركت، عليّ أن أتّكلُ على
وسائل الأخبار التقليديّة السائدة،
وكما قال جان قبل قليل، "أغمض العينين وامشي".

متظاهرون، ثوار،
إنفصاليون، متمرّدون،
محتجون، وأنا أعرف، ما الكلمة التي علي أن أختار
في أي بلد وفي أيّة حالة
وأعرف كيف ستكون حالتي،
إذا أخترت الكلمة الخطأ
تلك الكلمة التي أفكر بها طبعاً.
وعلى أساس مسموح بالتفكير، نعم بالتفكير.
ما أن يدب الظلام يرتابني الخوف،
أقول لأسراب للسمك من حولي
وأقول لهم أيضاً فيما هم فضوليون،
كلمات أخرى: إضراب،
حصار، سحق، بلطجة.

السمك يملك الرؤوس،
ينظر من الماء إلينا،
وعند آخر الكلمات يبدأ الطيران.
يتحول إلى صقور

Zsuzsanna Gahse

Seeadler, wollen ebenfalls
einmal auf ihre Weise
demonstrieren, aber
ich hole sie herab, erzähle
ihnen von Milliardären,
Oligarchen, geschickten
Captains, erzähle abgeklärt,
abwärts geklärt, durch das
Erzählen wiederum aufgeklärt,
und das ist, was ich mir
wünsche, nicht die Abklärung,
das sage ich ihnen und heule
los, so dass mein Salzwasser
zu ihnen hinab sickert, dann
verstehen sie doppelt viel.

Am Bodensee, zwischen
mehreren Ländern,
wo sich der Rhein duckt,
so dass man kaum sieht wie
er durch den See schleicht,
überlege ich mir, mit dem
Denken postwendend aufzuhören,
weil es keinen Sinn hat, keinen
Sinn macht, Ende, aus ist es!
Oder natürlich hat es einen Sinn,
und gerade das, was ich nachts
im Boot denke, ist natürlich.
Ja, da muss man sich wohl
einfach hinsetzen und weiter
überlegen, während die Fische
wieder sprungbereit sind.

هزاء غانه سوز

إلى صقور بخريّة،
فهو يريد على طريقته الخاصة أن يتظاهر،
ولكني أعيده إلى مكانه،
أحكي له عن المليارديريّة القلائل،
الرأسماليين المهرة،،
أحكي وأوضح له كل شيء
من النهاية إلى البداية
ففي الحكاية تنوير، وهذا ما أتمناه
وليس التوضيح.
هذا ما أقوله له وأبدء بالنون ح
إلى أن يتسرب مني الماء المالح إليه.
هنا يفهم السمك ما أقوله بشكل مضاعف.

على بحيرة كونستانتس،
الواقعة بين عدة بلدان
هناك حيث نقطة الوصل مع نهر الراين،
بالكاد نرى كيف هو يتسللها،
أفكر بأن أتوقف عن التفكير الدائم
لأنه لا معنى له ولا ضرورة،
هذا هو آخر الكلام، نقطة انتهى!
أو أنه ضروري وله بالطبع معنى،
نعم، هنا علينا أن نجلس ونفكر
بينما السمك يستعد للتكاثر، للقفز.

Zsuzsanna Gahse

Aber tags weiß ich, dass ich
besser auswendig lerne
welche Demonstrationen
richtig und welche wiederum
böse Meutereien sind.

In der Früh versuche ich
es wieder, hämmere mir
in den Grind ein: Demos
Demonstrationen, Streikende,
Aufständische, Polizisten,
Separatisten, Miliz, so der
Wortgebrauch je nach Land.
Zwischendurch habe ich
etwas Eigenes gedacht. Das
ist mir passiert. Doch gleich
darauf senke ich den Kopf.
Nicht aus der Reihe tanzen.
Man, man, man wird schon
wissen, warum einem was
vorgesagt wird, und ich sollte
nur abgeklärt nicken. Soll
ich das? Soll ich das?

Mitten im See, schon am
Ertrinken, ruft Jan, dass ich
nur zu sagen brauche, was
alle sagen, nicht denken,
einfach durch und nachsagen.
Im letzten Augenblick kann
ich ihn noch ins Boot holen.
Er ist völlig erschöpft, ich auch.

سوزانا غزازه

في الصباح الباكر أعاود الكرة، أطرق
ظاهر، متجحون، مظاهرون، محتجون،
تايشيليم، الويون، إنفصاليون، شرطة، مقاومون،
هكذا تكون التسميات وحسب البلد.
بي خاص شيء بكرثُ فكر والآخر بين الحين
لكني طأطأت الرأس فيما بعد بقليل.
وهذا ما حصل لي.
لا ترتقصين خارج السرب،
نحن نُقلَّق لماذا اذا نحن نُقلَّق، ديردك، على المرء أن يديرك،
وعليَّ أن أوافق التوضيح.
هل عليَّ أن أفعل ذلك فعلاً؟
أن أطأطأ الرأس و أوافق؟

في منتصف البحيرة
بينما هو يغرق، صاح جان،
عليَّ فقط أن أردد مايقوله الآخرون،
أقوله، بم تفكير غير من
عليَّ فقط أن أردد.
هذه أن استطعت أن أنقذها في اللحظة الأخيرة
كان متعباً جداً
كما كنت أنا أيضاً.

Klaus Merz

Zwischen den Leer-
zeilen diese kleinen
Barrikaden der Schrift.

Dem Nichts entgegen-
gestellt als Gedicht.

29. Februar

Wenn du morgen
zurückkehrst, Liebste,
öffne ich dir
mit einer Schlüssel-
blume die Tür.

كلاوس سِمرت

في الفراغات بين الكلمات
تقبع هذه الحواجز الخطيّة الصغيرة

ومقابل اللاشيء
تتربع القصيدة

التاسع والعشرون من شهر فبراير

إذا عدتِ غداً
يا حبيبتي،
سأفتح لك البابَ
بمفتاح من زهور

Klaus Merz

Männer im Garten

Sah den Männern im Garten
beim Holzfällen zu, kippte ihnen
zielgenau vor die Füsse.

Sie hoben ein altes Vogel-
nest aus meiner Krone und
bliesen mir frischen Odem ein.

Aus dem Gehörschutz des Sägers
drangen malische Klänge, ich sah
die Wegameise auf seiner Stirn.

Nie hätte ich in hiesigen Gefilden
so fernen Gesang erwartet, rieb mir
das Sägemehl aus Auge und Ohr

und dankte für die gelungene
Räumung des Himmels
im Namen der Zugvogelschar.

سِترمِر سوالك

الرجال في الحديقة

رأيت الرجال في الحديقة
عندما كانوا يجمعوا الحطب
سقطت على الأرض عند قدميهم

وهم أخرجوا عش طائر قديم
من رأسي ونفخوا فيَ
نأسُ

من كاتم صوت المنشار
خرجت أنغام من مالي، وأنا
رأيت النملة على جبينه

لن أتوقع يوماً أن أسمع أغانٍ غريبة
في هذا المكان، نفضت نشارة الخشب
عن عيني وأذني

وشكرت تطهير السماء
الناجح
باسم سرب الطيور المهاجرة

Klaus Merz

Hoher Jahrestag
Für S.

Wir lesen einander
die Tätowierungen der Zeit
ab von der Haut. Bügeln
die zerknitterten Hemden glatt.

Und du würzest die Speisen
(zart wie schon immer)
mit einer Prise Herbst-
zeitlose, zerstossener.

In Liebe und achtsamer Fremd-
heit voreinander erwarten wir
an unserem alten Hochzeitstisch
die gelichtete Gästeschar.

عيد الزواج

نقرأ بالتناوب بعضنا لبعض البعض
على البشرة ما كُتب
في وشم من الزمن ونكوي
القمصان المجعّدة

وأنتِ تبهرين الطعام
(داس المعتاد كما قةبر)
برشّة من زمن بلا خريف،
أو خريف منبوذ

بكل حب ومع حذر الغرباء
كل من الآخر
ننتظر على مائدة الزفاف القديمة
قدوم الضيوف القلائل

45

Klaus Merz

Königswege

Fluss aufwärts
kehren die Lachse
zu ihren Laich-
plätzen zurück.

Im Strom der Sprache
baut das Gedicht
eine Treppe
dem Wort.

سترمِ سواكل

دروب الملك

أسماك السلمو
تسبح
بعكس التيار
لتضع بيوضها

في تيّار اللغة
تبني القصيدة
درجاً
للكلمة

Klaus Merz

Horchposten

Der Abend naht:
Ich warte auf den Satz,
der die Welt zusammenhält.
Über Nacht.

Jüngstes Gericht

Morgens um vier,
durchlässig für alle
Schrecken der Welt,

bitte ich um Nach-
sicht für mich und
die Häscher. In mir.

كلاوِس مِرترست

مكان الإستماع

المساء يقترب
وأنا أنتظر الجملةَ
التي توحد العالم
بين عشية وضحاها.

يوم الحساب

أحاصب الرابعة في
قرار يخص
جميع أهوال العالم

أطلب منكم
التساهل معي
ومع نان الأعوان كل مع في داخلي.

Jürgen Nendza

Aus dem Gedichtzyklus
„...sagen die Luftwurzeln"

Vielleicht
ist es das Erzittern,
mit dem wir beginnen und enden,
während die Augen am Himmel saugen
im Rhythmus einer Sprache
ohne persönliche Besitzanzeige:
Kupfer, Zimt, ein türkisfarbenes
Fliegengewicht, sagen die Luftwurzeln,
und wir zerstäuben im Lichtfächer
des Kolibris, im Nonstoppflug, Jetlag:
drei Gramm Flugtöne und –rausch,
Variationen in Kalliopes Stimme.
So bleiben wir stehen
in der Luft, in einer Schleife
ohne toten Umkehrpunkt, während
unter uns die Landschaft
weiterzieht.

يورغنين نيندزا

مقتطفات من
"... هكذا تقول الجذور الهوائيّة"

ربما
هي الرعشة التي نبدأ بها ونتنهي
بينما العيون تُقَرِّر السماء بشغفٍ
على أيقاع لغَة
ليس هناك من يميلكها شخصيًا
نحّاسٌ، فرقةٌ، طائر توركيزي اللون بوزن الذبابة ،
نوثر منغبار ونحن نقول الجذور الهوائيّة
في طبقات الضوء، ضوء الطنّان
في الطيران المستمر وتحت تأثير فرق قرق الوقت:
ثلاثة غرامات من نغمات الطيران وشعور بالثمالة،،
نغمات مختلفة في صوت الإلهَة كاليوبي،ملهمة الشعر ،
هكذا نقف في الهواء بانتظار دورنا في الهبوط،
دون نقطة المنعطف المميّتة
في حين ننرى أننا نتنتح من جوج المرور تمشي.

51

Jürgen Nendza

Die Hitze,
eine große Hand,
gebacken aus Licht. Wir
trinken Kokoswasser, hören
den Durst, der gelöscht wird
längs der Schweißnähte
der Körper: Der eigene
Name trennt sich
auf unter den Luftwurzeln,
ist nur ein geteiltes Wort
wie Kupfer oder Zimt
ohne persönliche Besitzanzeige
und ein Vibrieren
auf dem Zungengrund
in der Rotation
der Flügel. Klangschalen
sind deine Lippen,
an deren Enden das sichtbare
Licht verschwindet,
wenn nur noch die Zeit
mit uns unterwegs ist.

يورغين نيندزا

الحرارة المرتفة
يدٌّ كبيرةٌ
مخبوزة من ضوء
ونحن نشرب ماء جوز الهند
نستمع إلى العطش، الذي ينطفئ
على امتداد لحمات الجسد،:
أسماؤنا تنفصل عنّا تحت الجذور الهوائيّة
فهي ليست إلاّ كلمة مشتركة، مثل "نحاس" أو "قرفة"
دون الحيازة على وثيقة الملكيّة
واهتزاز على اللسان
في دوران الأجنحة.
شفتاك سلطانيات النغم
على أطرافها يختفي الضوء المرئي،
فقط عندما يسافر الزمن معنا.

53

Jürgen Nendza

Der Regen
bindet seine Schnüre
zu einer klopfenden Wand:
ein grauer Dauerton
liegt über uns, dem Grün,
den Dingen: eine Haut,
unter der wir uns verlaufen.
Betäubt, als hätte
das gewaltige Alleinsein
seine Schleusen geöffnet,
faltet unser Atem
das Restlicht wie eine Tischdecke
zusammen: wir beginnen uns
aus der Erinnerung
zu begleiten, während wir reden
vom Nonstoppflug, eine erklärbare
Reihenfolge suchen, einen Handlauf
ins Dunkle und niemand
mit bloßem Auge
die Liebe erkennt.

يورغين نيندزار

المطر
يشدّ حزامه
عليه: طرق يرادر جدار هلعجي
صوت يدامر مستمر
فوقنا
فوق الأشياء، فوق الأخضر رض، فوق
بشرة، من تحتها الدَربُ نُتيةُ،
الهائلة العزلة أن لو كما، نيرِّدمخ
هها بيبيدارس أبواب تحتفق قد
المتبقي الضوء ـ أنفاسنا يوطتِو،
الطاولة شرفمف توطي كما.
هه انبنأدُ، خارجين نين من الذكريات،
كنّا التي اللحظة وفي، الآخر بعضنا افقةمر في
نتكنّملَ بها عن نيران طير من غير توقفف،
ونبحث عن رتابة قابلة للتفسير،
منّا أحدٍ وألأ، العتمة إلى ينتهي سياج عن
الحب على فرّعتيت أن يستطيع
المجردة العينبال.

Jürgen Nendza

Der Abend
versammelt sich
im Regenbaum. Gelb lockt
zwischen Blattpaaren
die Königin der Nacht
wie eine verlassene
Empfindung, die uns entdeckt,
wenn der Schlaf uns spricht:
Das Laken haben wir gespannt
und uns in der Umdrehung.
Kontaktschlaf, so gehen wir auf
Federfühlung, gefiedert
mit dem Radius der Entfernung,
bis wir bei Tageslicht
ermüden unter der Last
der getrennten
Körper.

ورغين نيندزا

يجتمع المساء مع نفسه
في شجرة المطر.
اللون الأصفر يُغرّي رفصُ الألوان بين ورقتين
ملكة الليل
كإحساس مهجور،
والتي تكشفنا عندما يتحدث إلينا النوم:
مدينّا الغطاء، ومددنا أنفسنا.
نوم متصل، هكذا نمشي نحن على ريش،
بريش نصف القطر من المسافة
إلى أن نصل قمة التعب
وضح النهار
تحت ثِقَلِ
جسدينا المنفصلين عن بعضهما.

Jürgen Nendza

Vielleicht
wird uns einmal gefallen
die Art, wie Ameisen
aus unserem Schatten treten.
Einmal, wenn deine Haut
nicht mehr durchblutet ist,
wird sie weiß sein
wie das Papier, auf dem ich
schreibe, auf dem du
liest, weiß und still:
Ein abgelegtes Hochzeitskleid
wird sie sein, immer schon
mit dir beschrieben,
und wenn der Umkehrpunkt
gestorben ist, das Laken
in letzter Umdrehung verharrt
unter einer Landschaft
aus Träumen,
die über uns hinwegzieht,
dann frag ich dich:
Wie viel Belichtungszeit
braucht das Glück, bevor
die Augen uns schließen.

يور غين نيندنيزا

ربما
تعجبنا الطريقة،
كيف يخرج النمل
من ظلالنا.
إذا لم يعُد يتدفقُ الدمُ في بِشَرَتِكِ،
ستكون إذن بيضاء مثل الورق
الذي أكتب عليه
والذي تقرأين مِنه.
ستكون بشرة بيضاء وهادئة،
مثل فستان العرس نتان المخلوع،
كنت دوماً أوصفه معك،
وإذا تلاشت نقطة المنعطف،
سيتحجر شرشف الغطاء
تحت جروم من الأحلام
التي تمر فوقنا
ثم أسألكِ،
كم من الوقت الضوئي
يحتاج الحظ
قبل أن تُغلق
علينا العيون.

59

Issa Makhlouf

Die Fremden

Es gab keinen Hinweis darauf, dass wir Fremde waren.
Wir mischten uns unter die anderen auf unserem Weg.
Trotzdem haben sie uns wiedererkannt.
Angsterfüllt liefen wir.
Wir waren wie Wassertropfen aus der Regenrinne.
Vielleicht schauten diejenigen, die mit uns liefen,
tief in unsere Augen
und ertranken.

Erinnerungen

Wir leben in den Erinnerungen derer,
die von uns gegangen sind,
wie das Abendrot im verzierten bunten Glas
der verlassenen, von Kerzen beleuchten Kathedrale.

عيسى مخلوف

غُرَباء

غُرَباء إلى أنَّنا يُشيرُ ما ثمَّةَ يَكُن لم
عَرَابِر في الشَّارِع مَعَ غَيرِنا سَنَّكُ رُيسير
فَرَعَ ذلك مع ووُفُنا.
خائفين نُهرِولُ كُنَّا
السُّطوح. من تَدلِفِ ماءٍطاطِ كنِقاقِنك
ربَّما رأوا في عُيُونِنا
معَنا كانوا الذين أولئكَ وأ
وَغِرَقوا.

ذكريات

نعيشُ في ذكرياتِ الذين سَبَقونا
كضَوءِ آخِرِ النَّهارِ في الزُّجاجِ المُعَشَّقِ
في الكاتدرائيَّةِ المهجورة
عُموضُالشباءةِالمُضاءة

.

61

Issa Makhlouf

Die Zeitverschwendung

Wenn sich alles auflöst,
wenn alle versteinerten Fische
an die Oberfläche geschwemmt werden,
wenn die Füße nicht mehr Teil der Reise sind,
wenn die Wolken frieren,
bleiben die großen Spiegel an den Baumstämmen angelehnt
und spiegeln die Zeitverschwendung wider.

Das Chaos

Aus dem Morgenlicht regnet es.
Der Regenbogen - Wäscheleine der Wolken
Aus dunklen Häusern strömen ermüdete Atemzüge,
dort,
wo der Wind die Kissen umstößt,
wo der Dampf aus der feuchten Erde
die Erinnerungen knetet.

فوق مخلوق عيسى

ضَياعُ الوقت

عندما يتبدَّدُ كلُّ شَيء
وتَعُومُ الأَسماكُ المُتَحَجِّرة في الصُّخور
عندما لا تَعودُ الأَقدامُ جُزءًا من الرِّحلة
وتَجمُدُ مَكانَها الغُيوم
تَبقى المرايا الكبيرة المُسنَدَة إلى جُذوعِ الأَشجار
يَنعكسُ فيها ضَياعُ الوقت.

فَوضى

تتساقطُ الأَمطارُ من نورِ نونِ الصَّباح
قَوسُ القُزَح حبلُ غسيلِ الغيوم
أنفاسُ المُتعَبين في المنازلِ المُظلمة
حيث الرِّياحُ تَلطِمُ الوَسائد
وبُخارُ رطوبةِ الأرض
يَعجِنُ الذِّكريات.

Issa Makhlouf

Kleine Kreise

Ich weiß, wie das Ende aussehen wird,
wie alles in eintönigen Jahreszeiten endet.
Das Glas, das die Lippen berührt, erreicht sein Ende,
die Lippen auch.
Die Stimme, die plötzlich verblasst,
löst sich in Luft auf,
hinterlässt im Schweigen
immer wieder größer werdende Kreise.

عيسى مخلوف

دوائر صغيرة

أعرف كيف ستكونُ النِّهاية
كيفَ ينتهي كلُّ شَيءٍ في رَتابةِ الفصول
الكأسُ الّتي تُلامسُ الشِّفاهَ تَصِلُ إلى نهايتِها
وتَنتهي الشِّفاه
الصَّوتُ الّذي يَخبو فجأةً
يَنحلُّ في الهواء
تاركًا في الصَّمتِ
دوائرَ
تَكبُرُ وتَتَّسِع.

Issa Makhlouf

Die Rückkehrer

Diejenigen, die abends in ihre Häuser zurückkehren,
sammeln Brennholz der vergangenen Stunden.
Alles ist still hier:
die Luft
die Vorhänge an ihrem Platz
die Gemälde an den Wänden.
und die Bücher.
Ihre einst dröhnenden Buchstaben schweigen.
Diejenigen, die abends in ihre Häuser zurückkehren,
gießen Wasser in die Blumentöpfe,
betasten ihre Körper und fühlen den Herzschlag.

فوز مخلوف عيسى

العائدون

العائدون مساءً إلى بيوتهم
يَجمعونَ حطبَ السَّاعاتِ الّتي انقَضَت
كلُّ شيء ساكنٌ حتَّى الهواء
السَّتائرُ مكانَها واللّوحاتُ المعلَّقة على الجدران
والكُتُبُ وهَديرُ حروفها المكتوم
العائدون إلى بيوتهم
يَدلُقون الماءَ في أُصُصِ الزَّهر
يتفقَّدون أجسادَهم ودقّاتِ القلوب.

67

Issa Makhlouf

Hast du jenen Vogel gesehen?

Hast du jenen Vogel gesehen,
der mit seinen Flügeln die Mauer entlang flattert?
Er berührt sie mal mit dem rechten,
mal mit dem linken Flügel.
Dieser erschöpfte Vogel
versucht, die Mauer zu durchbrechen.

Feier

Wir werden die Schränke öffnen,
in denen Gürtel, Schuhe aus Leder
und Pelzmäntel hängen.
Auf dem Fest werden wir
heute Abend
alle getöteten Tiere am Leibe tragen.

عيسى مخلوف

أرأيتَ ذلكَ الطَّائرَ؟

أرأيتَ ذلكَ الطَّائرَ الخافِقَ الجَناح
في مُحاذاةِ الجدار
تارةً مِن الأيمَنِ بجَناحِهِ يُلامِسُهُ
وبالأيسَرِ أُخرى
الطَّائرَ المُنهَكَ الّذي يَسعى
إلى اختراقِ الجِدارِ؟

احتفال

سنَفتَحُ الخزائنَ على وارِفِ المعاطف
على الأحزِمَةِ والأحذيَةِ الجِلدِ
سنرتدي، اللّيلةَ، الحيواناتِ المقتولة
قبلَ الذَّهابِ إلى الاحتفالِ.

_____
القصائد مأخوذة من كتاب "ما سوف يبقى"، دار التنوير، بيروت 2019.

Monika Littau

morgenmilch

mit nüchternem magen ergründet
dein blick die morgenmilch sucht nach
der über den tag gezogenen streufolie
unterbelichtetes standbild vor auf
geschnittenem brot du weißt der kürbis
ist schon verloschen die engelstrompete
zerfällt im kompost nackt glüht der
hartriegel an der hecke zum wald zeit holz
aufzuschichten das brot zu bestreichen

.

مونيكا ليتّاو

حليب الصباح

على مَعدة فارغة تتفحّص نظرتك حليب الصباح
وتبحث عن الرقائق المندثرة عبر النهار تحت ضلال النُصب،
وأنت تعرف أن اليقطينية قد انطفأت وبوق الملائكة
حان الوقت وقد تشعر عارية القرارية أن شجرة السمّاد المخمّر. تعرف
لأن تقطع الخطط
على السياج النباتي باتجاه الغابة وأن تدهن الخبز.

71

Monika Littau

winterfrüchte

die elstern wachsen wie winter früchte
und misteln nisten tief im astgewöll
dieser worte reckt sich der nackte walnuss
stamm als das abziehbild eines vogels
jetzt schatten wirft auf das papier wickelst
du dich in das fuchsfell vom hang und die
elster schäckert und fliegt von einer
krone zur andern

مونيكا ليّتاو

فاكهة شتّويّة

مثل ثمار الشتاء ينضجُ العقعق
ويوم الهدال على الغصن المجاور
أما هذه الكلمات يشمخ ساق شجرة الجوز العارية
وكأن صورة طائر يمرح ظلاً على الورق
وأنت تتلقّع فرو الثعلب من المنحدر
والعقعق ثرثار يطير من قمة شجرة إلى أخرى.

73

Monika Littau

umschalten

verschwunden das geräuschlose gleiten
die stille des fischs als der kopf kommt
wacklig auf dem körper ungestillt
der schrei und der hunger
bis du gleichmäßig ventilierst dich versorgst
mit schritten und worten stickiges abgibst
umschalten lernst zwischen kiemen lunge und haut

واو التّيك انينوم

تحوّل

لقد اختفى الزحف الصامت تمامًا

دسج الجسد على أنحنرترم سأر الا ادا عندما نمسل ءودهو

لا الصرا خارات قفوت ولو الجوع

هجو الوجه متجهم تامالكلابو بالخطى تفسك دمت أن تننعأ حتى

وتعلمت الفصل بين ميم الخياشين وبين الرئتين وبين الجلد.

Monika Littau

der tag ist gesträhnt

ich weiß der tag ist gesträhnt in
licht und dunkel fäden du kannst
keinen schatten über mich werfen
bleib ich im weiß die faden
kreuze gewebe verhärtungen lösen sich auf
am haus fehlt ein schlitz für die post
und gestellt ist der antrag auf löschung
ich weiß du kannst keinen schatten im dunkeln
kein bild ohne fläche und flanke
weiß es weiß es wieder
kämme den tag vor der nacht

مونيكا ليتّاو

للنهار خصلات

أعرفُ أن للنهار خيوط كالخصلات
خصلة نور وأخرى ظلام
لا تستطيع أن ترمي الظلال عليّ
سأبقى البياض وفي النسيج تتصالب الخيوط
وصلابة تتفكك وعلى العنق لا يوجد شق للبريد
والطلب تقدم لِيُمحى
أنا أعرف أنك لا تستطيع أن ترمي الظلال في الظلام
ولا صورة دون مساحة ودون جناح
أعرف، نعم أعرف مجدداً أن
النهار قد يأتي قبل الليل.

Monika Littau

gefühl verholzt

für Sophie Taeuber

als sei das grüne gefühl verholzt
und will doch nicht brennen betäubt dich
und glimmt nur löscht aus den kreis und
das u das drei und das viereck
die horizontalen und vertikalen

und du steigst auf in den morgen
verlässt alle fluchten und gastfreundlichkeiten
die arbeit die arbeit und perlentäschchen
gewebtes gelb erdrot braun blau

dem großen DER dem großen DAS dem
sitzt du im dadakopf mehr denn je
du blühst den verlust den verlorenen alltag
wirst leichter und lichter und lächelst
vielleicht

تخشّبَ الشعورُ

إلى صوفي تويير

كما لو أن الشعور قد تخشّب
ولا يريد الإحتراق، يُخذّرك
يُضيء فقط وينطفئٍ, الدائرة وحرف الواو،
العدد ثلاثة والمربعات، العامودية والأفقية منها.
إنك تبدأ صباحك
تترك كل الهروب وحسن الضيافة
والعمل، العمل وحقيبة اللؤلؤ
نسيج أصفر بلون الأرض أحمر، بنيّ وأزرق.

أل التعريف المذكر الكبير وألتعريب الحيادي الكبير
تحكها في رأس دادا أكثر مما قبل
أنت تتفتح، ستكون الخسارةَ واليوم الإعتيادي الضائع
ستكون أخف مما أنت ومضيء وربما
تبتسم.

Hatif Janabi

Gedicht des Löschens

Es ist Zeit, fortzugehen.
Meine weiße Seite ist
vom Nebel befreit,
in der Abwesenheit versiegelt.
Ein Herz durchbricht sie
mit einem Pfeil.

Es ist Zeit, zu sein.
Ich sage:
Gedulde dich.
Ich bin das Weiße.
Du sollst mich lesen.

هاتف جنابي

قصيدة المحو

أنّى أتَّجِهْ
تكنْ صفحتي البيضاء
مَجلوّةً بالسديم
مختومةً بالغياب
يخرقها قلبٌ بسهم

أنّى تكنْ
أقلْ: تمَهّلْ
أنا البياضُ فاقرَأنِي.

Hatif Janabi

Ohrringe

Heute Morgen hat es geregnet.
Die Wolken können nicht vorbeiziehen
ohne Getöse.
Mal wehklagen sie,
mal strahlen sie fröhlich.

Zwei Farben umgeben uns,
sie schwingen Gelb und Grün.

Die Natur beklagt sich nicht.
Sie leiht sich nichts aus,
nicht einmal ihre gelbliche Farbe am dunklen Horizont.
Sie schwimmt immer gegen den Strom.
Heute lächelt sie.
Ich kratze am Gewand der Wörter
und stelle Ohrringe her.
Einige davon hänge ich ans Ohr des Regens.

أقراط

اليومَ صباحا، هَطلتْ بعضُ السحب
لا يمكنها أن تمرّ دون هسيسٍ أو جعجعة،
تنحبُ أحيانا، وأخرى تراها جذلة
ثمة لونانِ حَوْلَنا،
يُلَوّحانِ بصفرةٍ واخضرار
الطبيعة لا تشتكي، لا تَسْتلفُ
حتى صفرتُها في مرأى الأفق الداكن،
عكسَ التيار، تبتسمُ
اليومَ، أحكّ فروةَ الكلماتِ
أصنعُ أقراطا،
أعلّقُ بعضَها في أذنِ المطر.

Hatif Janabi

Erneuerung

Verliebe dich andauernd
bis zum letzten Atemzug.
Wenn du dich aber nicht verliebst,
wirst du wiederauferstehen.

Ein Rat

Schau nicht zurück.
Außer wenn du sagen möchtest:
Auf Wiedersehen!

Lichtwege

Die Liebe
schenkt dir
eine endlose Brücke
auf dem Pfad des Lichts.

هاتف جنابي

تجدّد

اِعْشَقْ ثمّ اعْشَقْ
حتى الرّمقِ الأخير
وإذا ما عشقتَ
فسَتُبْعثُ من جديد

نصيحة

لا تلتفتْ للوراء
إلا لتقول:
وداعا!

معارج النور

المحبةُ
تهبك جسرا يمتد
بلا نهاية
في مَعَارجِ النور.

Hatif Janabi

Schicksale

Kein Wunder,
dass sie den Feuerfunken mit ihren Knöcheln wirft.
Kein Wunder,
dass Licht aus ihren Brüsten strömt,
    aus dem die Sonne ihre Strahlen webt.

Kein Wunder,
dass der Kosmos klein wird
wie ihre Brustwarzen,
aus deren Nektar die Rosen Glanz schöpfen,
solange sie die Schlüssel des Tages und der Nacht besitzt.

هاتف جنابي

مصائر

أنْ تُقْدَحَ النارُ بكاحِلَيْها
ويَفيضَ الضوءُ منْ صدرها
وتَنْسِجَ منه الشمسُ خيوطَها
أنْ يَصْغُرَ الكونُ قَدْرَ حَلمَتَيْها
ويَنْهلَ الوردُ من رحيقها
هذا ليسَ غريبا كلُّ
طالما أنّ مفاتيحَ الليل والنهار
قيدُ معصميها.

Hatif Janabi

Gastfreundlichkeit

Ich liebte Schmetterlinge,
die mich reichlich mit Rosen bescherten.
Als sie fortflogen,
sah ich mein Herz an einer Lichterkette hängend
zwischen zwei Gipfeln.

Psalm

Die Luft liest mich.
Der Wind zeichnet mich.
Ich trete in seine Strömung,
wie ein herumirrender Psalm,
den Dawid einst suchte.

Gesichtsgeographie

Zeichen in meinem Gesicht
führen die Fremden zu mir
und drücken seine Blätter zu den Feldern.

Aber die Quelle verläuft hinter einem Hügel.
Jedes Mal, wenn ich sie begrüße,
knurrt sie mir entgegen.

هاتف جنابي

ضيافة

أحببتُ فراشاتٍ
غمرَتني بأزهارها
ولمّا رحَلتْ ألفيتُ قلبي
يتدلى على خيطِ ضوءٍ
بين قمّتين.

مزمور

يقرأني الهواءُ
تُدوّنني ريحُهُ
فأُدخل في عصفها
مزمورا تائها
كان داوودُ يبحث عنه.

جغرافيا الوجه

رموزٌ فوق وجهي
تدلّ الغرباءَ عليه
وتدفع أوراقه للحقول
أما النبعُ فيجري خلف رابيةٍ
كلّما حَيّيْتُهُ
أجابني بالهدير

Hedil Al-Rashid

Am Saum des Himmels

stickte ich Liebesblumen für dich
Dort zwischen die roten Fäden der Sonne
versteckte ich eine Geschichte aus Tausendundeiner Nacht
versiegelt mit einer Rose aus den Gärten Hafiz

Samtweiche Nacht

Eine einsame Laterne
streichelt dein Marineblau
je sanfter
desto schöner strahlst du

هديل الراشد

على حاشية السماء

كل قشة العشق روّح زززت طرّ
اء الحمرا الشمس طيوخ بين ما كاك هنا
وليلة ليلة ألف من حكاية تأبّخ
حافظ قدائق من ةدربوب تمتخُ

أيها الليل المخملي

ذاك فانونّ سُأو حدد
هنكادلا كتقترز للديد
كلما ازداد دلاله قرةً
ازددت أنت إشراقاً

Hedil Al-Rashid

Zeit vergeht

wie es ihr passt
Palmenwälder
verdichten sich
im Gedächtnis
verbergen das Licht
vor den Bächen des Trauerns
gemächlich, geschwind
Dann vergeht Zeit
wie es ihr passt
Rauer Wind
weht auf die Überreste
von Tagebüchern
pustet die letzten Spuren der Zerstörung weg
lindert die Schmerzen
weniger, mehr

هديل الراشد

يمضي الزمن

كما يشاء
تزداد غابات النخيل
في الذاكرة كثافه
تحجب الضوء
عن سواقي الأحزان
ببطءٍ.. بسرعه
ثم يمضي الزمن
كما يشاء
تهبّ رياح قاسية
على ما تبقّى من
أشلاء دفاتر المذكّرات
تمحو آخر ملامح الدمار
تخفف الاوجاع
قليلاً.. كثيراً

Hedil Al-Rashid

Ein verlassener Strand

kühne Sandhügel
aus Goldglanz
hier und da
Hellblau hütet der Himmel
seine weißen Wolken
Baumwollbällchen gleich
heitern sie ihn auf
Milde Meeresstimmen
zischen aus einer Kindertraumwelt
Was für ein Märchen!
Wäre doch nicht jener schweigsame Körper
am Rande

هديل الرشّاد

ساحلٌ مهمل

رمال جسورة
بلمعان الذهب
هنا و هناك
سماءٌ تحرس غيماتها البيض
بزرقة فاتحة اللون
بينما تسلّيها الغيمات
كقطع قطن صغيرة
هديرٌ رخيمٌ للبحر
قادمٌ من أحلام الطفولة
جميلة يا لها من حكاية
لولا ذاك الجسد الصامت
تمامتِ
على الهامش

95

Hedil Al-Rashid

Heimatlose Worte

Mitten in der Ortslosigkeit
wo das Dickicht den Stacheldraht
fest umschlingt
verliert die Logik ihren Sinn
Mitten in der Sprachlosigkeit
der Hoffnung
auf eine sichere Zuflucht
werden die Worte
heimatlos
und die Leiden
obdachlos
Mitten in der Erbarmungslosigkeit
gewinnt die Würde an Bedeutung

هديل الراشد

كلمات بلا وطن

في منتصف اللامكان
لاغد الاداب تتشابك حيث
كةالئاشلا كالاسلاا مع
هاناعم المنطقة دفقي
في منتصف اللاحيلة
نمآ أجل في ملجأ للألم
تصبح الكلمات
بلا وطن
والمعاناة
بلا مأوى
في منتصف اللارحمة
اهاناعمة الكرامة تكتسب

97

Hedil Al-Rashid

Das Rudel der Wölfe

löste sich also
im archaischen Tal auf
Es ließ
Schatten der Verwüstung
zurück
Ein Hauch Sprühregen der Träume
hängt bislang in der Luft
seine letzten Tropfen
beträufeln die vergewaltigten Körner der Erde
ein leises Echo der Fragmente
der Gelächter
der Seufzer
hier und da

هديل الراشد

إذن باب الذئاب أسراب تفرقت

من الوادي المُوغل في القدم
خلّفت وراءها
ظلال الخراب
الاحلام ذاذ رذر شذا لا زام
ءواج بالأجواً معلقاً
هاتراطق آخر هي ها
ترطب حبيبات الأرض المغتصبه
صدى شظايا
الضحكات
والتنهدات
الخافت
كانه وهنا

99

Patrick Beck

Jeder hat diese Kraft.
Ein Käfer. Eine Sonne.
Und in allem wirkt sie.
Im Tau. Im Berg.
In der Geschichte,
Lichtjahre entfernt.
Im Meer. In dir.
Sie verwebt alles mit allem.
Den Regen. Die Sterne. Das Moos.
Jeder webt an diesem Netz,
jeder ist ein Halt.

باتريك بِكُ

كل منّا يملك هذه القوّة

خنفساء كانت أم شمس

وبكل شيء تُؤثّر

بالندى، بالجبل

بالحكايات

البعيدة لسنين ضوئية

بالبحر، وبِكِ

فهي تُنسج كل شيء، تنسج البعضَ بالآخر

تُنسج المطرَ، النجومَ، الطحلب

وكل منها ينسج بشباكها

ويصبح سنداً لها

Patrick Beck

Der Wind weht nach Westen
du willst nach Süden schwimmen.
Diese Scholle treibt nach Osten
und du, du driftest nach Norden.

Den Asphalt bricht
einmal pro Stunde
ein Seehund auf.
Das ist:
Unser Atemloch.

باتريك بِكّ

الريح تهب باتجاه الغرب
لكنكِ تريدين السباحة جنوباً
هذه السمكة تتجه شرقاً
وأنتِ، أنتِ تتجرفين شمالاً

مرّة كلّ ساعة
يفتت كلب البحر
بالأسفلت
فيكون ثقب
نتنفس من خلاله

Patrick Beck

Mitten auf dem Feld
ein offenes Tor.
Vor dem Tor: Wind.
Hinter dem Tor: Wind

Im Atem diese Spur
ein Abdruck ist es
des Schattens der Wolke.

باتريك بِكُّ

في منتصف الحقل
بوابة غير مغلقة
أمام البوابة رياح
خلف البوابة رياح

في النَفَس
أثرٌ
بصمةُ
ظلِّ سحابةٍ

Patrick Beck

Das Meer atmet ein.
Du hältst die Luft an.
Der Wind atmet aus.

Deine Hand leuchtet.
So wie wenn
unter dem Strand
ein Licht ist.
Auch deine Hand
ist ein Strand.

باتريك بِكُّ

البحر يتنفس شهيقاً
أنتِ تحبسين الهواء
والريح تئنُّ زفيراً

يدكِ تضيء
كما لو أن ضوءً ما
يشع تحت الشاطئ
حتى يدكِ
هي الأخرى شاطئ

Patrick Beck

Eine Insel ist
auf der Seekarte
eingezeichnet.
Sie findet niemand.
Sie soll ein Irrtum sein.
Doch auf dieser Insel
haben wir
überwintert.

بِكَ يريك باتُ

جزيرة
راحبلا على خارطة البحار
مموسرة
اليها إلَي يَهتَدي أحد لا
يعبطم خطأ أنها يُقال
لكنّنا قد قضينا
فصل الشتاء
على هذه الجزيرة

Volker Sielaff

Eine Knopfleiste Verbeugung vor Gellu Naum

Ich sah einmal auf der Buchmesse Gellu Naum,
wie er mit einem schwarzen Messer einen Apfel teilte,
René Magritte hatte große runde Knöpfe auf seinen Mantel
genäht,
und senkrecht fielen schwarze Männer aus den buschigen
Augenbrauen von Gellu Naum.

Sirius dunkles Sinnieren ein Wintersechseck lag auf seinen Knien,
und Gellu Naum schaute mich an, diese große schützende
Einsamkeit,
ein Antlitz am Hang. Knopfleiste Verbeugung, zuletzt
schwieg er, sagte fast nichts, Huldigungs-
briefe las er, mit offenem Mund und geschlossenen Augen.

فلاكس زيلكر فو

انحناءة حمالة الأزرار أمام جيلو نعوم

في إحدى الأيام في معرض الكتاب لمحت جيلو نعوم، كيف كان يُقطّعُ تفاحةً
أسود نينكسب دو.
لاحظت أزراراً دائرية كبيرة على معطف هينيرير ماغرامتيت.
ورأيت الرجار أسوداً
يتساقطون نعوم جيلو بجواح من بنطلون الكثيفة.

على ركبتيه علامة الشتاء،تأملات زيريرير سويوس الغامضة،
كان ينظر إليّ، وجه على السفوح، عزلة كبيرة واقية
وانحناءة حمالة الأزرار، كان صامتاً، لم يبت بشيء،
كان يقرأ بفم مفتوح وعينين مغلقتين
رسائلَ التّبّليل

Volker Sielaff

Im Verlauf des folgenden Jahres verbrachte er einige Wochen im Haus der fallenden Persimonen

Nein, ich kann dir kein maßgeschneidertes Liebesgedicht
auf deinen Hinter nähen, denn wozu gibt es Tattoo?
Ich gebe zu, dass die Leere nicht mein Ideal ist. Aber ich sage:
Da war eine Kiefer. Sie streckte all ihre sechshunderttausend
Nadeln
von sich, sie wollte eben unbedingt mit auf das Rollbild drauf.

Damals liebte ich noch die unsichtbare Hand, die jeden Morgen
eine Amsel aus den Zweigen pflückte, und dann noch eine
und noch eine. Basho ließ immer die Tür zum Badezimmer
offen stehen. Frühmorgens ist es ein Leichtes den Vorhang
ein Stück beiseite zu schieben. Dito deine Kleider.

Dann die Heiligsprechung von Himmlische Schlucht.
Dann der Gesang von den fünftausend Augen.

فلايز كركلوف

لقد قضى بضعة أسابيع
في بيت ثمار الكاكي المتساقط

لا أستطيع أن أكتب لك قصيدة حبٍ خاصة بك
وأخيطها على مؤخرتك
لهذا اذا أوجدوا الغرض الوشم
أعترف أن الفراغ ليس مَثَلي الأعلى، لكني أُقِرُّ،
أن ثمة شجرة صنوبر تمد ستمئة ألف إبرة من أبرها
كانت مصّرة أن تظهر في الصورة

في ذاك الوقت كنت مازلت أعشق اليَدَ الخفيّةَ، التي كانت كل صباح
تقطف شحروراً من على الأغصان، ومن ثم شحروراً آخراً وأخرَ
كان باشو يترك دائما بابَ الحمّام مفتوحاً. في الصباح الباكر كان من السهولة
إزاحة الستارة قليلاً
مثلما ملابسك.
ومن ثم تقديس الممر السماوي
ومن ثم تتسرب ترانيلٌ من خمسة آلاف عين

113

Volker Sielaff

Zwei + Zwei, eine Verwunderung

Die zwei Kätzchen im Fenster, die zwei rührseligen Mädchen
unter dem Fenster und schauen hinein?, und recken: die Köpfe?

Was noch? Nichts noch. Das genügt einstweilen zur Bewirtung der
Welt.
Die köpfchen-reckenden, die Sonnlein, im Regensturz Sturzregen,
recken

sie etwa wirklich: die Köpfe? Nach zwein oder drein wie
hingepelzt
liegenden, beinah-Schneebällen? Die, ein Wurf, geworfen beinah

hinter Glas, hinters
doch-heile Fenster

فيلكس كيركلوف

إثنان + إثنان، تعجّب

القطتان خلف النافذة، الصبيتان العاطفيتان تحت النافذة ينظرنَ نحو الداخل
هل يمشقن رؤوسهنَّ؟

ماذا أيضاً؟ لا شيء قط. هذا يكفي لاستضافة كلّ العالم
الرؤوس الصغيرة تمتد، هذه الشّموس الصغيرة في المطر الغزير غزارة مطرٍ،
هل يمشقنَّ فعلاً: الرؤوسَ؟
مرتين أو ثلاث، ظهرنّ كأنهما كرات ثلجٍ؟
رُميت ترمية واحدة
خلف الزجاج، خلف النافذة
التي مازالت سليمة.

Volker Sielaff

Große Mutter

Sie haben eine Göttin gefunden unter Schlick und Himmel
am Unabhängigkeitstag am Tag der Großen Mutter
der ein Auge fehlte oder ein Zahn die einen Ohrring trug
in ihrem von Fischen umtanzten rechten Ohr.

Und die Fische wussten
dass es dort in ihren Jagdgründen dieses wunderbare
rechte Ohr der Göttin gab, und kamen ins Schwärmen,
zu ihr hin gepilgert, in Schwärmen zu dem rechten Ohr
der Frau die nach Krieg oder Erdbeben von der Erde
ins Wasser gestoßen-gestürzt.

Und sie umtanzten ihr rechtes Ohr
bis ein Taucher seinen Arm hob und der ganze
Schwarm zusammen mit einem Rochen und der Trägheit
eines Einsiedlerkrebses aufgescheucht sich in die poröse

Hüfte der Großen Göttin flüchtete. Die das alles
still ertrug, wenngleich mit klopfendem Herzen, mit unter Wasser
pochender Halsschlagader still dalag, die Arme ausgebreitet
und wem hingegeben (hingehaucht)?

فلاز ركلوف

أيتها الأم العظيمة

لقد وجدوا إلَهة تحت الطمي، تحت السماء
في يوم الأستقلال، في يوم الأم العظيمة.
إلهة فقدت عيناً أو سنّاً، وحول أذنها اليمنى
تراقصت الأسماك. منها تدلّى قرط طرف.
وكانت هذه الأسماك تعلم أن ملم هناك في قاع الصيد، في مرتعهم
تتواجد أذن الإلهة، الأذن البديعة. وجاؤوا إليها،
كأنهم في طريق الحج، أفواجاً وأفواجاً،
جاؤوا إلى الأذن اليمنى، مفتونين بها.
أذن لامرأة رُميت أو سقطت في الماء بعد حرب أو بعد زلزال.

ظلّت الأسماك تترقاص حول الأذن اليمنى إلى أن رفع غطاسٌ ذراعه بغتة
فهربت،
معها هرب السرطان الناسك المتثاقل وسمكة الرقيطة، واتجهوا إلى الورك
المسامي للإلهة العظمى، والتي تحمّلت كل هذا العناء بصمت. رغم أنها كانت
مستلقيةً بكل هدوء، فكان القلب خفاقاً والشريان ينبض تحت الماء، وبأذرعٍ
مفتوحةٍ، لكنها لمن تهمس؟ لمن تستسلم وأمام مَن تطلق الزفرات؟

117

Volker Sielaff

Ich weiß nur, sie haben eine Göttin gefunden
unter Schlick und Himmel
am Unabhängigkeitstag oder am Tag der Großen Mutter
dann zündeten sie Weihrauch an und brachten dem gewundenen
Ohr
Opfer dar: dem Ohr und manchmal auch dem Lid und der Braue.
Und die Perlenfischer tauchten besonders tief nach Perlen an
diesem Tag
so als müssten sie in einer dieser Perlen die Große Mutter finden
sie am Meeresgrund ertauchen erfinden und nach oben bringen
um später ein kleines Feuer in einem ihrer Ohren zu entfachen
usw.

فلايز ركلوف

ماء كنت أعلمه فقط، طقط أنهم وجدوا إلَهة تحت تحت الطمي، تحت السماء
في يي يوم الأستقلال، يوم الأمة العظمى.
ثم أشعلوا البخور وقدموا الضحايا للأذن المتعرجة، وأحياناً للجفن أو للحاجب.
أما صيادو اللؤؤ فكانوا يغطسون إلى الأعماق في هذا اليوم
بحثاً عن اللؤلؤ، كما لو أنهم كانوا مُجبرين
على أن يجدوها،
على أن يجدوا الأمة العظيمة في إحدى اللآلئ.
أن يختلقوها،
أن يكشفوا عنها في أعماق البحر وأن يحملوها إلى الأعلى
ويُشعِلون النار في إحدى أذنيها، وإلى آخره.

119

Ludwig Steinherr

Poesie

Du kannst in Worten reisen –
Du steigst in sie ein wie ein Blinder in einen Zug –
Deine Stirn an der vibrierenden Scheibe
fährst du durch Hügel frühe Wiesen
schlafende graue Küstenstädte
die du nicht siehst –

Eine Stimme sagt:
Da ist das Meer!

لودفيغ شتاينينهير

شعر

باستطاعتك أن تسافر في الكلمات
تقلها كما يقل الكفيف القطار
فتكون ملتصقة بجبينك في الزجاج المترج
تسافر عبر هضاب ومروج
عبر مدن ساحلية رمادية
غير أنك لا ترى اها

وصوت ما يقول:
ها هو البحر!

121

Ludwig Steinherr

Warum schreiben Sie Gedichte?

An Tagen an denen ich kein Gedicht schreibe
fehlt mir nichts –

Kein Ziehen – kein Brennen –

Es ist nur als ob ein Arzt mich untersuchte
und fragte: Spüren Sie das?

Und ich spüre nichts

Ich weiß nicht einmal was ich spüren soll –
einen dritten Arm – ein drittes Bein
einen Flügel –

Spüren Sie das? fragt der Arzt leise
Spüren Sie das?

Und seine Hartnäckigkeit
beunruhigt mich –

Nichts beschreibt den Moment

wenn ich plötzlich spüre –

jeden leisesten Nadelstich
des Schnees

لودفيغ شتاينهير

لماذا تكتبون القصائد؟

في اليوم الذي لا أكتب فيه قصيدة
لا ينقصني شيء

لا أشعر بألم ما
ولكن الحال تكون كما لو أن طبيباً يفحصني
ويسألُ: هل تشعر بشيء؟

وأنا، لا أشعر بشيء

لا أعرف بما عليّ أن أشعر به
أذرع ثالثة ، أم ساق ثالثة
أم عليّ أن أشعر بجناحين؟

أتشعِرُ بهذا؟
أتشعِرُ؟
يسألني الطبيب

تكراره للسؤال
يقلقني

لا شيء باستطاعته وصف هذه اللحظة

عندما أشعر فجأةً

بكل وخزة إبرة
من أبر الثلج

123

Ludwig Steinherr

Die ungeschriebenen Gedichte

Sie sind da
auch wenn du sie nicht aufschreiben kannst
auch wenn du nicht einmal ahnst
dass sie existieren –
Sie treiben vor Neuseeland im Meer
mit ihren gewaltigen Leibern
sie tanzen in den Wogen
und blasen Fontänen
aus Licht

لودفيغ شتاينهير

القصائد غير المكتوبة

هي موجودة
حتى ولو لم تستطع كتابتها
حتى ولو لم يكن لديك بصيصُ فكرة
أنها موجودة
ادنلايزوينين قبالة البحر و جه على يعومون
بثقل أجسادهم
جوم الموج على يترّاقصون
وينينَ نوافيرَ نونخفيو
من ضوء

125

Ludwig Steinherr

Mantra

Heute hat das Licht sein Mantra vergessen –
Niemand verliebt sich –
Niemand erblickt in einem Ölfleck das Antlitz der Madonna –
Jedes Wort knirscht wie Reißzwecken in einem Glas –
Ginevra de´ Benci starrt immer nur auf die Zahl Pi –
Gebetsmühlen geraten ins Holpern –
Delphine kämpfen gegen Selbstmordgedanken –
Und all das könnte sich ändern in einer Sekunde –
mit der ersten Silbe
für ein Gedicht

لودفيغ شتاينهير

تعويذة

اليوم نسي الضوء تعويذته
فلا أحد يسقط في العشق هنا
وليس من أحد يرى وجه العذراء في بقعة الزِّيتِ
والكلمات تتجمع كالدبابيس في الكأس
وجيفينرا يد يشنبيب ي دود قط تحدق أمود فقط بالثابت الرياضي "بي"
عجلات الصلاة تهتز
دلافين تقاوم أفكار الإنتحار
واحدة وثانية يمكن أن يتغير ريغ لكن هذا كلّه اذا نكن لك
بأوّل مقطع
من قصيدة

127

Ludwig Steinherr

Licht-Variationen

Es gibt Tage, an denen das Licht im Savoy absteigt
mit großem Gefolge –
Es gibt Tage an denen das Licht eine Laufmasche hat
und es ist ihm egal –
Es gibt Tage an denen das Licht den Herbst schlürft wie bitteren
Tee –
Es gibt Tage die nicht vorkommen im Kalender des Lichts –
(Der Husten, die tickende Uhr, die Schlaftabletten)
Es gibt Tage an denen das Licht allein ist im Haus
und mit dem Staub durch die Zimmer tanzt
und alle Schränke öffnet
und sein Gesicht in Seidenblusen drückt –

Es gibt Nächte in denen die Worte
im Dunklen miteinander schlafen
Es gibt Nächte in denen die Worte
das Licht dabei zuschauen lassen –

لودفيغ شتاينهير

أشكال الضّوءِ

هناك نُهُرٌ يخرج الضوءُ فيها
مع حاشية كبيرة

هناك نُهُرٌ يكون الضّوءُ فيها ممزق
ولا يُشغله هذا
هناك نُهُرٌ يرتشف الضّوءُ الخريف
كما الشاي المر
هناك نُهُرٌ غير مذكورة في روزنامة الضّوءِ
(السعلة، الساعة الموقوتة، ودواء من أجل النوم)
هناك نُهُرٌ يكون الضّوءُ فيها وحيداً في البيت
يرقص مع الغبار من غرفةٍ إلى غرفة
ويفتح الخزنَ
ويطبع وجهه على القمصان الحريريّة

هناك ليال تنام الكلمات فيها
مع بعضها البعض
وهناك ليال تترك الكلماتُ الضّوءَ فيها
يراقبها

129

Mara-Daria Cojocaru

Beschreibe die zärtlichste Geste des Tages. Beschreibe
Sie noch einmal und dann
Beschreibe den Moment, als du sie betrogen hast
Und dann dich selbst

وراكويوك ايرا دارا مام

أصِفُ أنعم إيماءة لهذا اليوم. أصِفُها
ثم ومن ثانية مرّة
أصِفُ اللحظة التي خنتها
وخنت نفسك فيها أيضاً

131

Mara-Daria Cojocaru

Vom Wind
Ecke Carl Wery-Arnold
Sommerfeld

Von wegen, lange Zeit kein Regen
Die Ideen stehen reif bereit
Ein ganzes Feld und ich daneben
Ach, Achänen, einsamiges Streben
Will noch einmal Pusteblume werden
Zungen blühen, Möwen üben sich im Gehen
Aus der Böschung schwanken eben
Junge Hundsgesichter, Pflanzenfüßer
Wir halten uns den Volksmund zu
Hier ist neues Leben im Entstehen

Du wie gewöhnlich
Besorgt am Rand, nimmst meine Ideen
In die Hand: Löwenschmarrn
Pustekuchen

مارا دارا كويويكارو

من الريح

على أساس أنه لن يهطل المطر لفترة تمتد طويلة. فلتريح
الأفكار ناضجة
وأنا وحقل كامل بجانبها
زهرة الأشهن، ذات البذرة الواحدة
تريد أن تكون مثل زهرة الهندباء
لأسنة تتوهج، جون تتدرب على المشي
ومن الحر تتأرجح وجوه كلاب صغيرة
أقدام نباتات
علينا أن نصمت، فهنا تنتشئ الآن أأ حياة جديدة

وأنت كالمعتاد مهموم
تأخذ أفكاري في يدك:
مثل هبة أسد
لكنها مجرد جرذ غوة

133

Mara-Daria Cojocaru

Vertraue dem Magnolienohr
vor dem Orwell-Haus

Es liegt was in der Luft wie ein Hund vorm Bäcker, vermisste
Regenschirme in der Gepäckablage, der Schnuller in der Pfütze,
die Hummel auf dem Rücken, britische Patrouillenboote in
Folkestone vor Anker, ein Plan in weiter, doch nicht
unerreichbarer Ferne, eine Bitte um Verzeihung nach so vielen
Jahren auf der Zunge, dein Glück klar in meiner Hand, oder meins
in deiner, oder unser beider in der des einen Schreibers
und so weiter - den Rest erzähle ich beizeiten.

Wir müssen denen, die uns Tag für Tag vor uns selbst beschützen,
sehr dankbar sein.

وراكويو ايرا داراام

ثق ـ بأ نذأ نز هرة المعغنوليا

شيء ما يهيم هنا مثل كلب أمام الفرن،
شمسيات في جرار رار العجين، كان قد نسيها أحد ف في الفرن
مصاصات الأطفال في البركة، النحلة الطنانة على ظهرها،
قوارب الدوريات البريطانية في فولكستون عند المرساة
خطط للمضي قدماً لمسافات غير بعيدة، طلب المعذرة على اللسان بعد كل هذه
السنين.
قدرك السعيد في يدي أو أن قدري في يدك. أو قدرنا نحن الإثنان في يد الكاتب
وإلخ ... سوف أقص عليكم الحكاية إلى النهاية في وقت مناسب

يجب علينا أن نمن بالشكرلكلّ من يحمينا من أنفسنا يوماً بعد آخر.

135

Mara-Daria Cojocaru

[Self-soothing]

In Gedanken reiße ich die Bretter
Vom verlassenen Sommerhaus
Unserer Liebe, spreize meine Flügel
Geh' den Rankhilfen danken
Im verwahrlosten Garten
Den inneren Streben
Dem Sehnen nach Leben
Luft, Sonne, Wasser und dir

Angeflammt stehen die Bäume hier im Land
Ein Falke wartet ab
Wir haben einen Pakt
Er soll dich suchen

Ich sah dich heute schon morgen als
Alter Mann im Gehrock
Mit hohem Hut, rosa Einstecktuch
Und einem Stock, den du nicht brauchst
Am Bahnsteig stehen
In einer fremd gewordenen Stadt
Weit weg von unserem Sommerhaus
Das wäre gar nicht nötig
Der Falke stürzt hinab

ورو كاويويرا ارا داراما

مُهَدّء

بالخشب تاقّدت أمزق المخيلة في
لبيت تِنّبُح الصيفي اناّبِتِ المهجور
أفرد جناحيّ
أذهب وأشكر
العريشة في الحديقة المهملة
الشعورَ بالسعي وراء شيء
الحنينَ إلى الحياة
إلى الهواء، إلى الشمس والماء،، إليكَ

مشتعلة تقف الأشجار هنا، في هذا البلَدِ
وصقرٌ ينتظرُ،
بيننا اتفاقية،
عليه أن يبحث عنكَ

رأيتكَ اليوم صباحاً،
رأيتكَ رجلاً عجوزاً في معطفك
وعلى رأسكَ قبّعة شامخة
ومحمرة زهرية اللون
عكّازةً، لا تحتاجها
فقف القطار يفصر على
أنّا غريبة تحتصبح مدينة في
بعيدين عن بيتنا الصيفي
لك ذلك على نين مضطرين لسنا اننا
فالصقر هوى على الأرض

137

Mara-Daria Cojocaru

Dann nehme ich ein Bad
Im Überfluss meiner Erinnerung
Lasse mich treiben
Auf der Luftmatratze alter Kosenamen
In mir ein aufzwitscherndes Hibbeln
Am Ufer würgt sich ein Frosch hervor
Und es klingt etwas wie früher
Deine Schritte im groben Kies
Ich blicke auf
Der Falke starrt mich an
Ich suche uns in seinem Blick
Aber du kannst ja noch gar nicht
Wieder fliegen

وراكويو يا ريارا ارام

سوف أستحمّ
في جمِّ ذكرياتي،
ف أنجرف أتركني
على فرشة أسماء الدلع القديمة
في دواخلي زقزقة
على الضفة ضفدع يخنق صوته،
مشهد شبيه لما مضى
خطواتك على البحص الخشن
وأنا أراقب
الصقر يحدق بي، في نطرته
أبحث عني،أبحث عنك معاً
ولكنك ما زلت لم تستطع
التحليق ثانية

139

Anton G. Leitner

Kassensprechstunde

Trinken,
Trinken,
Trinken,
Sagt der
Doktor,
Trinken.

Erst Null
Komma Fünf,
Dann noch mal
Null
Komma Fünf
Und noch

Mal Null
Komma Fünf
Und noch
Mal und noch
Mal, genau wie
Verordnet.

Danach geht es
Dir gleich
Viel besser,
Bis sich starke
Magenschmerzen
Einstellen

Und der
Leidensdruck
Deutlich
Zunimmt,
Weil du glaubst,
Du müsstest

أنطون لايتنر

مراجع ذو تأمين عام عند الطبيب

عليك بالشرب،
بالشرب،
ومن ثم الشرب،
يقول الطبيب،
عليك بالشرب

نصف ليتر
ونصفاً آخراً
ومن ثم
نِصفَ ليتر

أضف عليه
نِصفَ ليتر آخر
ومن ثم
نِصفَ ليتر
كن دقيقاً
هكذا حسب الوصفة

ومن ثم سوف ترى،
أنك بأحسن حال
ما أن تهدأ
المعدة الآلام
الحادة

ستزداد محننتُكَ
بوضوح
لأنك
تعتقد أنك
فقط
سوف تتقيء
وتتقيء

141

Anton G. Leitner

Dich nur noch
Übergeben
Und übergeben
Und übergeben,
Bis du würgst
Wie ein Reiher.

Dagegen
Hilft ein Liter Dunkles Weißbier,
Im Verhältnis 50:50 mit Cola
Gemischt und stark erhitzt
Sowie mit 4 Centiliter Cognac versetzt,
Sagt der

Vater,
Weil dieses Hausmittel auch schon
Bei deinem Großvater
Geholfen hat und
Beim Urgroßvater
Väterlicherseits

Auch.
Au,
Autsch
Durch Mark und Bein
Und gleich
Noch einmal

Trinken,
Trinken,
Trinken,
Sagt der
Vater,
Trinken.

أنطون لايتنر

وتتقيَّء
حتى تنتخقق
مثل المالك الحزين
نين

ما يساعدك
هو ولير ليل رترة بيرة القمح
لا واكاكوك رتير ليل مع طّولخم
سُيُنُخّجِّدأً
وياقونيك ترتيتيميتنسنة أربعة إليه فاضيو
هكذا يقول لي أبي

لأن هذا
يعيبيب العلاج الططبيعي
ساعد جدك
وجد جدك

أيضُا
وهأ
هآ
بالنخاع
وفي العظام
وومرة أخرى

عليك بالشرب
بالشرب
بالشرب
بالشرب
يقول
أبي،
عليك بالشرب

143

Anton G. Leitner

Erst einen
Liter,
Dann noch
Mal einen
Liter
Und noch

Mal einen
Liter
Und noch
Mal und noch
Mal einen, nach
Guter alter Sitte.

Beim Aus-
Pumpen des
Magens er-
Wachst du und hörst
Das alte
Lied.

Trinken,
Trinken,
Trinken,
Sagt der
Doktor,
Trinken.

أنطون لايتنر

في البدء
ليترأ
واحداً
ومن ثم
ليتراً أخراً
ومن ثم ليتراً

و ليتراً
وآخراً
وآخراً
هكذا حسب
الأعراف
الحميدة

وعندما
تُفرغ
معدتك
سوف تصحى
وتسمع الترنيمة
من جديد

عليك بالشرب،
بالشرب،
بالشرب،
يقول
الطبيب،
عليك بالشرب

145

Anton G. Leitner

Hotline

Warten
Warten
Weich
Gespielte
Musik
Warten
Warten
Weich
Gespielte
Musik
Warten
Warten
Die Musik
Wird leiser
Hoffen
Warten
Warten
Die Musik
Wird wieder
Lauter
Warten
Warten
Festhängen
Diese blöde
Musikberieselung
Waarten
Waaarten
Schon fast
Eine halbe Stunde
Warten
Warten
Warten
Warten

أنطون لايتنر

هوتلاين

إنتظار
إنتظار
موسيقى
هادئة
إنتظار
إنتظار
الموسقى
خافتة
أمل
إنتظار
إنتظار
الموسقى
تعلو
إنتظار
إنتظار
الخط مازال مشغولاً
الموسيقى الهادئة الحمقاء
مستمرة
إنتظااااااار
إنتظااااااار
منذ قرابة النصف ساعة
إنتظار
إنتظار
إنتظار

147

Anton G. Leitner

Diese blöde
Weich
Gespülte
Musik
Wird wieder
Leiser
Warten
Warten
Warten
Warten
Dreht eine Schleife
Wird wieder
Lauter
Waarten
Waaarten
Dann hängen sie
Ein und das
Böse
Spiel
Geht
Von vorn
Los.

أنطون لايتنر

الموسيقى الناعمة الحمقاء
تصبح خافتة
ومن ثم تعلو
إنتظااااااار
إنتظااااااار
فجأة يُغلق الخط
عليك أن تبدأ اللعبة اللعينة
من جديد

149

Christoph Leisten

van gogh in arles

wie es hätte sein können, das *nachtcafé:*
eine heimliche erinnerung an den dunklen flur

der kindheit. behütete gestalten, einladend
die ganze szenerie, wenn auch nur billiger druck

unterm allzu blauen sternenhimmel,
der dir im vorübergehen tag und nacht

ins auge fiel. dein ohr hattest du an diese stadt gelegt,
die kein einziges bild besitzt, nicht einmal mehr

die brücke, nun aber das café in ein euphorisches
gelb versetzt, das nach dir benannt sein könnte.

كريستين لايستوف

سيلرآ في خوك نان

كما كان عليه أن يكون، المقهى الليلي:
تتصاعد في الذاكرة السريّة صورة الردهة المظلمة للطّفولةِ

أشكالٌ محميّةٌ، المشهد العام بمثابة دعوة
حتى ولو أنك لا ترى أمام عينيك ليل نهار إلاّ

هذا المطبوع عرخرلا صيخر تحت
زرقة السماء المرصّعة بالنجوم

أصغت أذنك للمدينة
التي لا تمتلك أي معلمٍ ولا حتى معلم جسر.

والآن تحولت المقهى إلى صفرٍ مبتهج
قد يُسمى باسمك.

Christoph Leisten

WERKSPUREN am postament eines tages,
dessen torso aus dem stein herausgeschlagen
scheint, während der abend schon

ins hochrelief verläuft: ein spiel zwischen
schatten und licht. so stellt jede skulptur
einen raum hin, aber wie umgehen

mit dem körper? non-finito, denkst du noch,
oder: die glieder sind falsch. doch alle tage
sind torsi, zerrissen zwischen werk

und wunsch; glaub mir, keine spur ist zu
verschlagen. jeder handgriff gräbt der zeit
ihre zeichen ab, gewinnt dem tag ein werk,

in dessen spuren eine andre impression erwacht.

فستيلاي فوتستيريك

أثَرُ عمل ظهرت في يومٍ من الأيام
على مبنى البريد الذي يبدو وكأنه منحوتٌ حجريّ،
بينما كان المساءُ يحبو

باتجاه السّماءِ: لُعبةٌ بين الظّلالِ والضّوءِ.
هكذا يكون لكل منحوتة فضائها،
ولكن كيف يجب أن يكون التعامل مع المجسّم؟

أنت مازلت تفكرين بأن العمل به لم ينتهِ بعد،
أو أن أعضاءه موزعة بشكل خاطئ
لكن الأيام مجسمات ممزقة
بين الواقع والخيال

صدّقيني، ليس هناك أيّ أثر نزيله،
كل ضربة يد تحفر إشارتها في جسد الزّمن
وتضيف للنهار عملاً جديداً

يستفيق على أثره آخرٌ انطباعيّ

Christoph Leisten

tattoo

den leib
beschrieben

die hautpartien
eines schulterblatts

die gravierenden
verletzungen

schwarzmalerisch
schöngefärbt

bis in die tieferen
schichten hinein

als ließen die zeichen
sich rücklings lesen

wie eine sprache
stummen schmerzes

unter der sonne

كريستوف لايستين

وشمٌ

على الجسد
مخطوطٌ

على قشور بشرة
شفرراتِ الكتف

الجروحُ العميقة
تلوّنت بالأسود

بشكلٍ جميلٍ
إلى أعمقِ طبقةٍ

من طبقات الجلد
وكأن الإشارات تُقرأ

إلى الخلف
مثل لغةِ آلامٍ صمّاء

تحت أشعّةِ الشّمسِ

Christoph Leisten

SCHAMLOS, die schönheit jener städte,
die vom verfall gezeichnet sind: ein vergehen,

sie beim namen zu nennen, ihre größe
in den schmutz zu ziehen wie einen verlorenen

gott. ihre schönheit gleicht der jener gesichter,
von dunklen nächten entstellt, an denen einst

kein makel war. sie tragen ihre wunden offen,
jede furche vom gesicht bis zum geschlecht

erzählt von fingern, die sie einst berührt, all den
verlorenen gefährten. schweig davon, warum sie uns

im heruntergekommenen wohl mehr berühren
als jede grazie von fadem glanz. sie hechten

der zeit nicht nach. aufgegeben, sich zu ersehnen
in schöner schamlosigkeit, bleibt ihnen, sich selbst,

und darin noch einmal begierde ganz zu erspüren.

كريستين لايف توستيرك

صراخ هو جمالُ تلكَ المدن
المهدّدة بالإنهيار: وصممةُ عارٍ

أن تُلطّخ خِططتها سمعتها بالوحل
مثل إله تائه.

فجمالها من جمال تلك الوجوه
التي كانت يوماً نقيّة لا عيب فيها

والآن شوّهها ظلام الليل
إنها تحمل جروحها بالعلن أثلاماً أثلاما

تحكي عن أصابع لامسوها
عن أصحابٍ فُقِدوا، ماعاد ذلك،

لِمَ تتدغدغ مشاعرنا عندما تكون في حالة انهيار
أكثر مما هي في حالة بريق مُلمل.

توقفت عن حنينها إلى جمالٍ صراخٍ
لم يَبقَ لها سوى ذاتها

وقدرتها على الإحساس بالرغبة.

157

Christoph Leisten

WIE DU GEHST, entfernen sich die zeilen
unter den leerräumen der nacht, zeit
für ein gewitter in den buchstabenwirbeln,

die deinen kopf sortieren zu haut und haar,
zu den dingen, die nicht mehr gebraucht werden.
das wetter stagniert, die temperaturen kaum messbare

differenz zwischen dir und mir. nachtkälte.
nur die leuchtdioden memorieren,
während du döst von einem zustand

in den anderen. ohren sind wände.
nichts geht mehr. diese nacht liest uns aus
dem schlaf, haarrissen gleich, während die gedanken

stillstehen, ein spiegel der zeilen, müde
vom erzählen des regens, dem jetzt nurmehr bleibt:
der blick in die geröteten augen, die schlafende haut.

هكذا، كيف تمشين، نين تبتعد السطور
حان قد الوقت، والليل تفرغ تحت ناغات الليل
فرف الأحرف في دوامة العاصفة تحت لأن

التي تفرز زرق الشعر عن الجلد في رأسِكِ
والأشياء التي ليس لها حاجة بعد الآن،
ةرارة الحرارة تات يردك سقطالط

بيني وبينكِ بالكاد قابلة للقيس. برد ليلي.
تشع ءوض الضوء حبابيص مصابيح
بيني أمامنا تتقلبين من جانب إلى آخر في غفوةٍ تِأنأ

الآلان هنا فقوت شيء، كل ناردجلاكاذآن ،
الليل يقرؤانا في نومنا، مثل شقوق الشَعر ،
بيني أمامنا فقفتت الأفكار عن الدوران نان

مرآة السطور ة، تعبة من حكايات المطر ،
لا يبقى لها غير النظرات تات
في العيون المحمّرة والبشرة النائمة.

Biografien

Fouad EL-Auwad, *1965 in Damaskus / Syrien. Lyriker, bildender Künstler, Erzähler, Übersetzer, Publizist, Herausgeber sowie Initiator und Kurator des „deutsch-arabischen Lyrik-Salons". Neben zahlreichen eigenen Gedicht- und Prosabänden (zuletzt erschien u.a. der Gedichtband „Buch der Momente", 2018 und "Die blaue Müdigkeit", 2019) sind von ihm diverse Bücher unterschiedlicher Genres sowohl ins Deutsche als auch ins Arabische übersetzt und herausgegeben worden. Beiträge in renommierten Anthologien und Zeitschriften. Er arbeitet für verschiedene deutsche Zeitungen und Rundfunkanstalten.

SAID, *1946 im Iran. Er kam 1965 als siebzehnjähriger Student nach München. Hier studierte er Politikwissenschaft. Er schreibt Lyrik und Prosa in deutscher Sprache, die er in all ihren Nuancen beherrscht und als seine „Behausung" begreift. SAIDs Grundthemen sind vor allem Liebe und Exil. Mehrfach wurde er für sein schriftstellerisches Werk, aber auch für sein Engagement für politisch Verfolgte ausgezeichnet. SAID ist Mitglied und war von 1995 bis 1996 Vizepräsident und von 2000 bis 2002 Präsident des PEN-Zentrums Deutschland, dessen Beauftragter er vorübergehend auch für das Writers in Prison Committee war (von 1995 bis 1996). *Die acht Gedichte stammen aus seinem im Rimbaud Verlag 2018 erschienenen Lyrik-Band "vom wort zum haus" © Rimbaud Verlag*

Zsuzsanna Gahse, *1946 in Budapest. Lebt in Müllheim / Schweiz. Österreichisch-deutsch-schweizerische Schriftstellerin und Übersetzerin. Mehr als 30 Buchveröffentlichungen. Zuletzt: „JAN, JANKA, SARA und ich", 2015, „Siebenundsiebzig Geschwister", 2017, beide in der Edition Korrespondenzen, wo nun, 2019, „Schon bald" erschienen ist. Kürzlich erhalten: „Grand Prix Literatur" des Schweizer Kulturamtes.

Klaus Merz, *1945 in Aarau, Sekundarlehrerausbildung, längere Aufenthalte in Deutschland, Frankreich, Italien und GB. Lebt als freier Schriftsteller in Unterkulm / Schweiz.
Zahlreiche Buchveröffentlichungen u.a. Jakob schläft. Eigentlich ein Roman, Haymon 1997; Der gestillte Blick. Sehstücke, ebd. 2007; Der Argentinier. Novelle, ebd. 2009; Aus dem Staub und Helios Transport, Gedichte, ebd. 2010 und 2016; firma. Prosa / Gedichte, ebd. sowie 2011-15 Werkausgabe in 7 Bänden, Hrsg. Markus Bundi.

160

Wurde für sein Werk vielfach ausgezeichnet, u.a. mit dem Solothurner Literaturpreis, dem Hermann-Hesse-Preis, dem Gottfried-Keller-Preis, dem Friedrich-Hölderlin-Preis, dem Rainer Malkowski-Preis der Bayr. Akademie der Schönen Künste und dem Christine Lavant-Preis.

Jürgen Nendza, *1957 in Essen. Lebt in Aachen. Lyriker, Prosa- und Hörspielautor, Publizist und Herausgeber. Neben Beiträgen in renommierten, auch internationalen Anthologien und Zeitschriften zahlreiche eigenständige Gedichtbände, die teilweise auch in mehrere Sprachen übersetzt wurden. Für sein lyrisches Werk erhielt er verschiedene Stipendien und Auszeichnungen, unter anderem den Christian-Wagner-Preis, 2018 und mehrere Stipendien der Kunststiftung NRW. Zuletzt erschienen die Gedichtbände „Mikadogeäst. Gedichte aus 20 Jahren" (2015) und „Picknick" (2017). *Die fünf Gedichte in dieser Anthologie stammen aus dem achtteiligen Zyklus „...sagen die Luftwurzeln" aus dem o. g. Band Mikadogeäst. © für die 5 Originalgedichte liegt bei „Poetenladen".*

Issa Makhlouf, *1953 im Libanon. Schriftsteller und Dichter. Lebt in Paris. Arbeitet derzeit als News Direktor bei Radio Orient. Er promovierte in Kulturanthropologie an der Sorbonne und war Professor an der Universität Paris III. Zahlreiche eigene Bücher und Übersetzungen sowohl ins Arabische als auch ins Französische. *Die Gedichte stammen aus "Was noch übrig bleibt", Edition "Dar al-Tanweer", Beirut 2019.*

Monika Littau, *1955 in Dorsten. Freie Autorin und Herausgeberin. Studierte Germanistik, Geographie und Musikwissenschaft in Bochum und Münster. Bislang liegen von ihr 20 Einzelveröffentlichungen vor. Zuletzt erschien „Von der Rückseite des Mondes. Chinesische Miniaturen"(2019).
Zahlreiche Auszeichnungen und Stipendien. Förderpreisträgerin des Landes NRW. Zweimal in Berlin mit dem Preis für politische Lyrik ausgezeichnet. Dorfschreiberin in Eisenbach und Poet in Residence in Qingdao/China. Sie konzipiert und organisiert eine Reihe von Literatur-/Lyrikprojekten, beispielsweise den Lyrik-Wettbewerb postpoetry.NRW. *Die Gedichte hier stammen aus dem Lyrik-Band „über malungen".*

Biografien

Hatif Janabi, *1952 in Gammas / Irak. Dichter und Übersetzer. Er studierte arabische Sprache und Literatur an der Universität Bagdad. 1976 zog er nach Warschau / Polen, um dort zu studieren.
Zahlreiche Bücher und Übersetzungen sowohl ins Polnische als auch ins Arabische.

Hedil Al-Rashid, *1970 in Basra in einer multikulturellen Familie. Studierte bis 1992 Germanistik an der Sprachfakultät der Bagdad Universität. Später studierte sie Orientalistik an der JLU Universität Gießen mit Magisterabschluss 1998. Mehrere zweisprachige Gedichtbände: „Denkst du an meine Liebe?" (Deutsch/Arabisch), 2015. „All'orlo del cielo" (Italienisch/Arabisch), 2018. "Eine einsame Laterne" (Deutsch/Arabisch), 2019.

Patrick Beck, *1975 in Zwickau. Lebt in Dresden. Jurastudium und Aufenthalte in Leipzig, Speyer und London. Lyriker, Essayist und Dramatiker. Für die Zeitschrift „Ostragehege" führt er Gespräche mit Komponisten und Interpreten zeitgenössischer Musik. Außerdem Portraits und Rezensionen für die „Dresdner Neuesten Nachrichten" (DNN). Gemeinsam mit Volker Sielaff leitet er das Literaturforum Dresden. Dort moderiert er die Reihe „Literarische Alphabete".

Volker Sielaff, *1966 in der Lausitz. Lebt in Dresden. Debütierte 2003 mit dem Gedichtband "Postkarte für Nofretete". Es folgten mehrere Veröffentlichungen u.a. „Selbstporträt mit Zwerg" (2011), „Glossar des Prinzen" (2015) und „Überall Welt. Ein Journal" (2017). Neben eigenen Bänden zahlreiche Veröffentlichungen in Zeitungen und Zeitschriften, u.a. FAZ und Tagesspiegel. 2007 wurde er mit dem Förderpreis zum Lessing-Preis des Freistaates Sachsen ausgezeichnet. 2015 erhielt er in Marbach die Ehrengabe der Deutschen Schillerstiftung. Er war Mitglied im Fachbeirat für Literatur der Kulturstiftung des Freistaates Sachsen und ist Mitbegründer des Literaturforum Dresden e.V..

Ludwig Steinherr, *1962 in München. Lyriker. Mehrere Auszeichnungen, u.a. Evangelischer Buchpreis (1999) und Hermann-Hesse-Förderpreis (1999). Neben Veröffentlichungen in renommierten Zeitschriften und Anthologien (u.a. in „Der Große Conrady") diverse

Einzeltitel, zuletzt u.a. die Lyrikbände „Briefleserin in Blau. Gedichte zu Vermeer" und „Medusen" (beide 2018).

Mara-Daria Cojocaru, *1980 in Hamburg. Lebt in München und London. An der LMU München studierte sie Politik- und Theaterwissenschaft, Recht und Philosophie. Heute lehrt sie Praktische Philosophie als Dozentin an der Hochschule für Philosophie München SJ und forscht zum philosophischen Pragmatismus und zur Tierphilosophie. 2007 Teilnahme an der Autorenwerkstatt des Lyrik Kabinetts in München unter der Leitung von Christian Döring, 2015 am Lyrikseminar unter der Leitung von Karin Fellner und Nico Bleutge der Bayerischen Akademie des Schreibens. Im selben Jahr war sie Finalistin beim Literarischen März in Darmstadt. 2017 wurde sie mit dem Bayerischen Kunstförderpreis (Literatur) ausgezeichnet. © *für die 4 Originalgedichte liegt bei der Autorin.*

Anton G. Leitner, *1961 in München. Lyriker, Herausgeber, Verleger der Zeitschrift „Das Gedicht". Mehrere Auszeichnungen, u.a. Victor Otto Stomps-Preis (1997), Kogge-Förderpreis (1999), Bayerischer Poetentaler (2015) und Tassilo-Kulturpreis der Süddeutschen Zeitung (2016). Neben diversen Herausgaben und Beiträgen in vielen renommierten Anthologien (u.a. in „Der Große Conrady") zahlreiche Einzeltitel, zuletzt u.a. „Kopf. Bahnhof" (2013) sowie der Band „Schnablgwax. Bairisches Verskabarett" (2016). Eine Werkauswahl seiner Gedichte wurde ins Englische übertragen und 2018 unter dem Titel »Selected Poems 1981–2015« bei SurVision Books in Dublin veröffentlicht. Leitner gründete 1992 zusammen mit Ludwig Steinherr die buchstarke Jahresschrift DAS GEDICHT, die er seitdem als ständiger Herausgeber betreut und in seinem Verlag publiziert.

Christoph Leisten, *1960 in Geilenkirchen. Lyriker, Prosaautor, Essayist sowie Mitherausgeber der Zeitschrift „Zeichen & Wunder". Neben dem eigenen literarischen Schaffen etliche Aufsätze zur Literatur. Beiträge u.a. im „Jahrbuch der Lyrik" und in „Der Große Conrady". Zuletzt erschien sein Gedichtband „bis zur schwerelosigkeit" (2010) sowie sein Prosaband „Argana Notizen aus Marokko" (2016). 2020 erscheint sein Gedichtband "grand hotel tazi".

Biografien

Die Musiker:

Basilius Alawad, *1994 in Damaskus. Lebt seit 2014 in Berlin.
Studierte zwischen 2011 und 2013 Cello an der Musik-Hochschule in Damaskus. Studiert heute Cello bei Sennu Laine an der Barenboim-Said-Akademie in Berlin. Ständiges Mitglied des West-Östlicher Divan Orchesters unter der Leitung von Daniel Barenboim.
Spielte in zahlreichen Konzerten mit Musikern wie Yo-Yo Ma, dem irakischen Oud-Virtuosen Naseer Shamma und dem syrischen Klarinettisten Kinan Azmeh. Aufführung eigener Kompositionen als Solo-Cellist. Teilnahme an verschieden Festivals in Europa.

Angela Boutros, *1994 in Damaskus. Studierte zwischen 2012 und 2014 Piano an der Musik-Hochschule in Damaskus. Spielte am dortigen Opernhaus. Teilnahme an verschieden sowohl nationalen als auch internationalen Wettbewerben. Gewann mehrere Preise.
Lebt seit 2015 in Berlin. Studiert an der Barenboim-Said-Akademie Piano bei Daniel Barenboim, Alexander Vitlin und Emanuel Krasovsky. Teilnahme an verschiedenen Festivals.

قصئد من

فؤاد آل عواد
سعيد
سوزانه غازه
كلاوس مِرتس
يورغين نيندزا
عيسى مخلوف
مونيكا ليتّاو
هاتف جنابي
هيديل الراشد
باتريك بِكّ
فولكر زيلاف
لودفيغ شتاينهير
مارا داريا كويوكارو
أنطون لايتنَر
كريستوف لايستِن

Fouad EL-Auwad (Hrsg.)

فؤاد آل عواد

ein punkt
am
ende des abends

نقطة في نهاية المساء

ge_{dic}ht_e

قصائد

2019